탈코일기

1

탈코일기 1

초판 1쇄 발행 2019년 2월 26일
초판 3쇄 발행 2021년 8월 20일

글·그림 | 작가1
펴낸이 | 金湞珉
펴낸곳 | 북로그컴퍼니
주소 | 서울시 마포구 월드컵북로1길 60(서교동), 5층
전화 | 02-738-0214
팩스 | 02-738-1030
등록 | 제2010-000174호

ISBN 979-11-89166-71-7 07810
     979-11-89166-70-0 07810 (세트)

Copyright ⓒ 작가1, 2019

· 잘못된 책은 구입하신 서점에서 바꿔드립니다.
· 이 책은 북로그컴퍼니가 저작권자와의 계약에 따라 발행한 책입니다. 저작권법에 의해 보호받는 저작물이므로, 출판사와 저자의 허락 없이는 어떠한 형태로도 이 책의 내용을 이용할 수 없습니다.
· 이 도서의 국립중앙도서관 출판예정도서목록(CIP)은 서지정보유통지원시스템 홈페이지 (http://seoji.nl.go.kr)와 국가자료공동목록시스템(http://www.nl.go.kr/kolisnet)에서 이용하실 수 있습니다.(CIP제어번호: CIP2019004840)

작가1 지음

탈코일기

①

북로그컴퍼니

들어가는 말

안녕하세요.
《탈코일기》를 그린 페미니스트, 작가1입니다.
가벼운 마음으로 시작해 가볍지 않은 마음으로 완결한 《탈코일기》의 정식 출간본을 찾아주셔서 감사합니다.
〈탈코일기〉는 두 독자층을 생각하며 그린 만화입니다. 우선 탈코르셋을 했지만 그걸 '커밍아웃' 하기 힘든 사람들을 위로하고 서로 독려하기 위해 창작된 만화입니다. 또한 탈코르셋이 뭔지 모르거나 오해하고 있는 누군가에게 탈코르셋을 시작하는 계기가 되길 바라는 마음을 담아 그렸습니다.
이 책을 통해 탈코르셋이 뭔지, 왜 탈코르셋을 해야 하는지 알기 쉽게 설명하기 위해 정말 많이 노력했습니다. '여성은 아름다워야 한다'라는, 수천 년 동안 계승되어왔던 불변의 법칙은 과연 누구에게 이득이었는지, 여성들의 손에 화장품을 쥐어주고 거울 앞으로 밀어 세운 집단은 누구였는지, 더불어 지금 탈코르셋에 가장 큰 반발심을 가지고 있는 집단은 누구인지 이 책에서 명명백백히 드러났기를 바랍니다.
왜 '예쁘다'라는 단어는 여자만의 수식어가 되어야 했을까요? 똑같이 예쁜 것을 좋아하는데 왜 남자는 예쁜 것을 '감상하는 자'가 된 반면, 여자는 직접 '예쁜 것'이 되어야 했을까요? 그렇게 예쁜 것이 돼서 여자에게 남는 것은 대체 무엇일까요?
최근 한국에 돌풍처럼, 혹은 필연적으로 들이닥친 페미니즘, 그리고 탈코르셋. 이 책을 보시는 독자 여러분이 이 모든 것들에 대해 조금이나마 해답을 얻으셨

으면 좋겠습니다.

홧김에 〈탈코일기〉 1화를 올렸을 때가 아직도 기억에 남습니다. 저 역시 다른 많은 분들의 창작물들을 보고 창작을 결심했고, 많은 분들의 반응을 보고 힘을 얻었습니다. 그렇게 작은 커뮤니티 공간에 주기적으로 올리던 만화가 총 1억 9천여만 원의 텀블벅 펀딩을 받았고, 정식으로 출간까지 하게 되었습니다. 《탈코일기》가 세상에 나올 수 있도록 많은 관심을 가져주시고 호응해주신 수많은 페미니스트들에게 다시금 감사 인사를 드립니다. 여러분이 없었다면 이루지 못할 성과였습니다.

〈탈코일기〉를 연재하며 저 자신에게도 많은 가치관의 변화가 있었습니다. 미숙한 점도 많았지만 끝까지 믿고 피드백해주시고, 응원해주셔서 감사합니다. 세상 어디에나 있고 어디에도 없는 분들의 거대한 움직임을 체감합니다.

감사합니다. 앞으로도 영원히 연대하겠습니다.

2019년 2월

작가1

등장인물

김뱀희

최근 탈코르셋을 시작했다. 머리를 자르면 탈코르셋을 완성할 수 있을 줄 알았는데, 막상 부딪쳐보니 그게 탈코르셋의 시작이었다. 베프 로아가 자꾸 코르셋 전시를 해서 보기가 싫다.

백로아

뚱뚱한 예전 몸매가 싫어 죽어라 다이어트를 했다. 30kg 넘게 빼자 드디어 인생의 주체가 되는 느낌이었다. 아름다움은 여성 권력의 원천이니 반드시 유지해야 한다고 생각한다.

도수리

폭력적인 아빠와 무기력한 엄마에게서 도망쳐 따로 나와 산 지 오래됐다. 착한 딸이기를 포기하자, 비로소 인간답게 살 수 있게 됐다. 복싱장에서 뱀희를 만나게 된다.

도수리 어머니

평범한 엄마. 아빠 비위를 조금만 잘 맞춰주면 편하게 살 수 있는데 그러지 않는 딸이 답답할 따름이다. 자신에게 폭력을 휘두른 남편이지만, 그가 중병에 걸리자 지극정성으로 간호하고 있다.

한국남성들

이 책에서 남성의 얼굴을 시계로 표현한 것은 '십이한남' 이미지를 차용한 것이다. '십이한남'의 유래는 다음과 같다. 2014년, 한 안경사가 남성들이 안경 선택 시 참고할 얼굴 그림을 그려 자신의 블로그에 올렸다. 그런데 몇몇 이들이 이 그림이 못생긴 평균 남성을 사실적으로 표현했다며 주목했고, 머리 모양과 피부색을 조금씩 변형해 시계 모양으로 둥글게 배치한 후 "한국 남성들은 이 열두 명 중 한 명에 반드시 속한다."라고 말했다. 이 그림은 '십이한남'이라는 이름이 붙어 SNS 전반에 널리 퍼졌다. 즉, 이 책에 등장하는 남성의 얼굴에 7시가 그려져 있으면, 이 남성은 '십이한남' 그림에서 7시 방향에 자리한 얼굴처럼 생겼다는 뜻이다.

차례

들어가는 말 · 4
등장인물 · 6

1화 · 13
2화 · 16
3화 · 30
4화 · 36
5화 · 50
6화 · 65
7화 · 72
8화 · 85
9화 · 99
10화 · 150
11화 · 158
12화 · 166
13화 · 185
14화 · 194
15화 · 204
16화 · 220
17화 · 235

노예가 노예로 사는 삶에 너무 익숙해지면
놀랍게도 자신의 다리를 묶고 있는 쇠사슬을
서로 자랑하기 시작한다.
어느 쪽의 쇠사슬이 더 빛나는지, 더 무거운지.

그리고 쇠사슬에 묶여 있지 않은 자유인을
비웃기까지 한다.

- 아미리 바라카

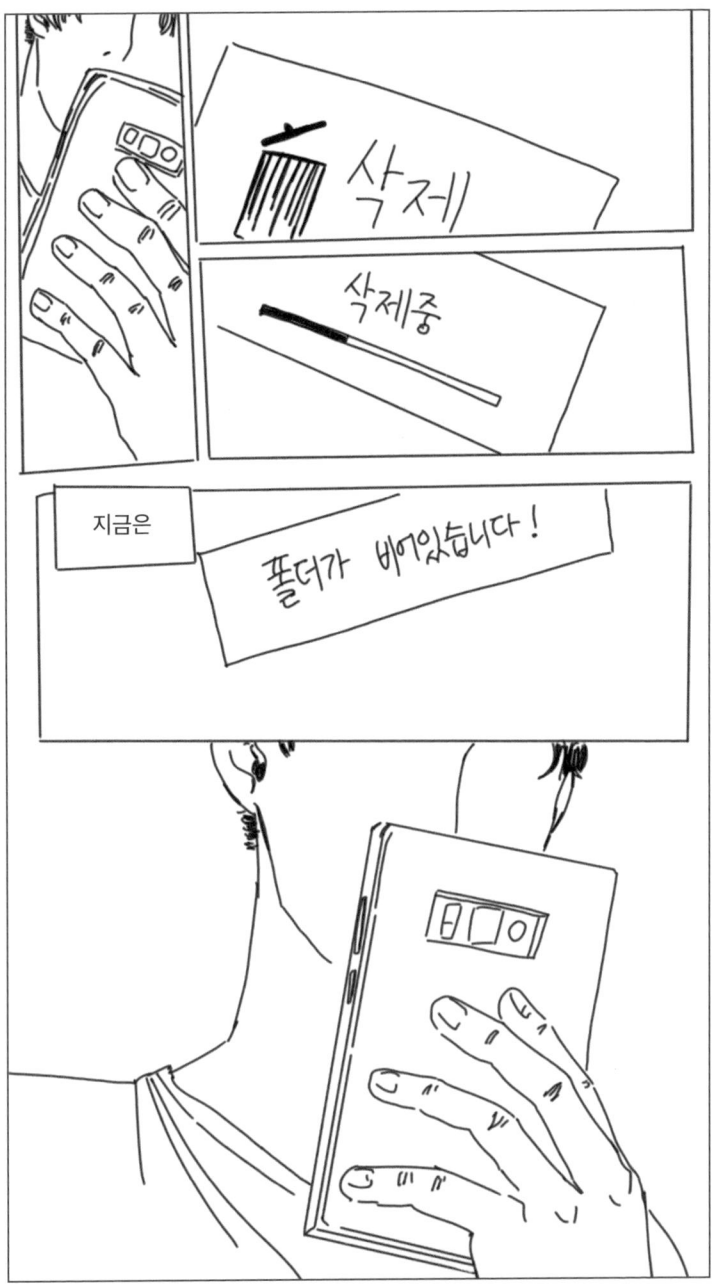

잘못은

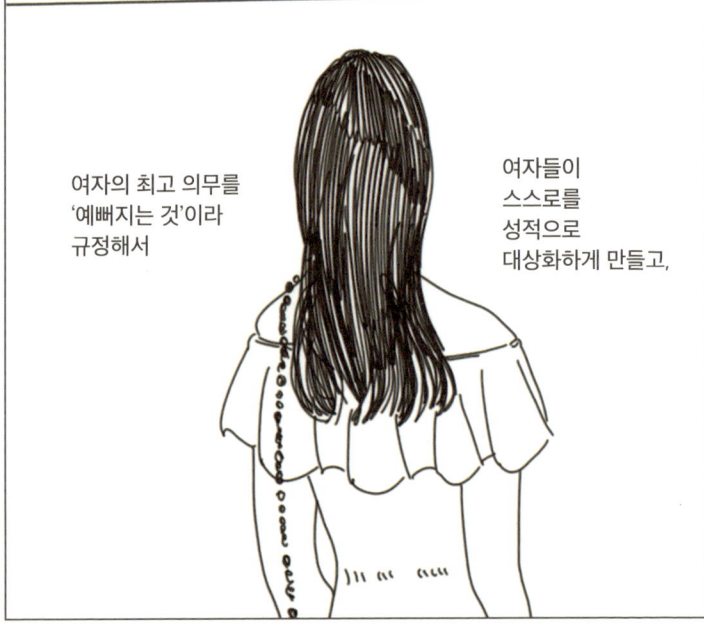

여자의 최고 의무를
'예뻐지는 것'이라
규정해서

여자들이
스스로를
성적으로
대상화하게 만들고,

잘못이다.

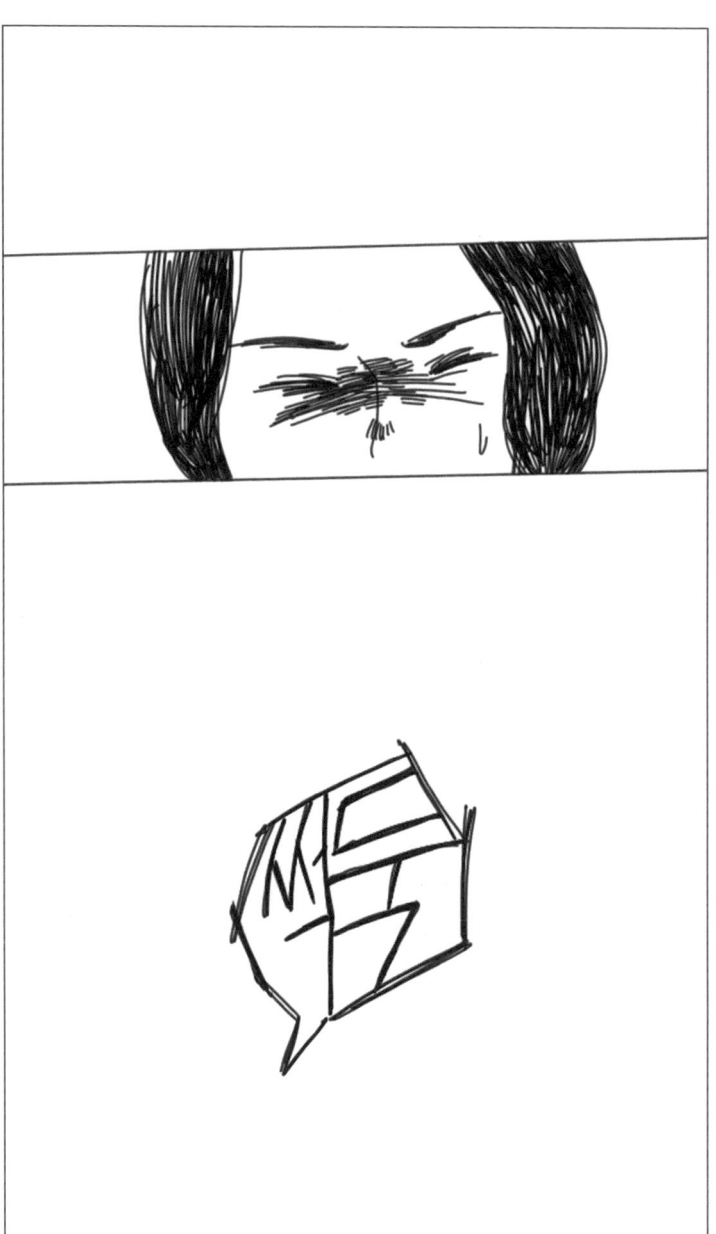

* '하이스펙, 용기, 그리고 가능성'의 줄임말. 원래 '하이 용돈만남 가능?'이라는 말이었는데 페미니스트들이 인사말로 재탄생시켰다.

* 여성 비하적인 욕설인 '씨발'에 대항하기 위해 의도적으로 만들어낸, 남성 비하적인 욕설.

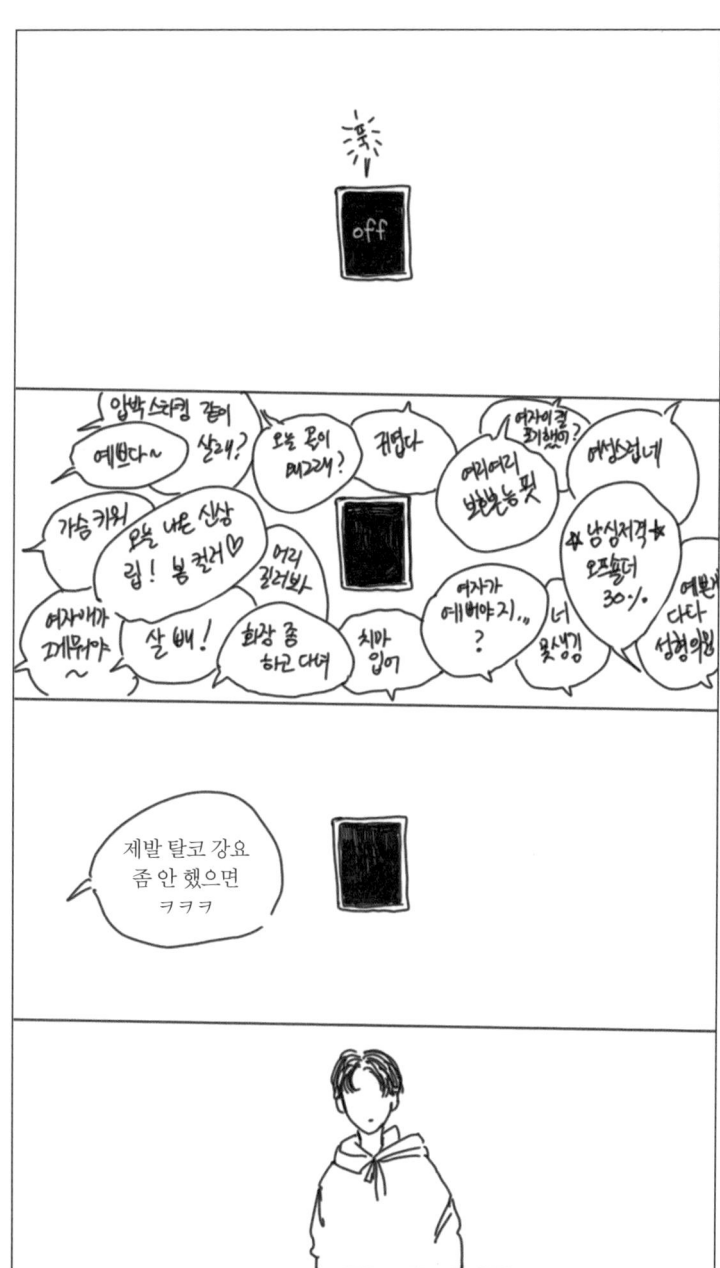

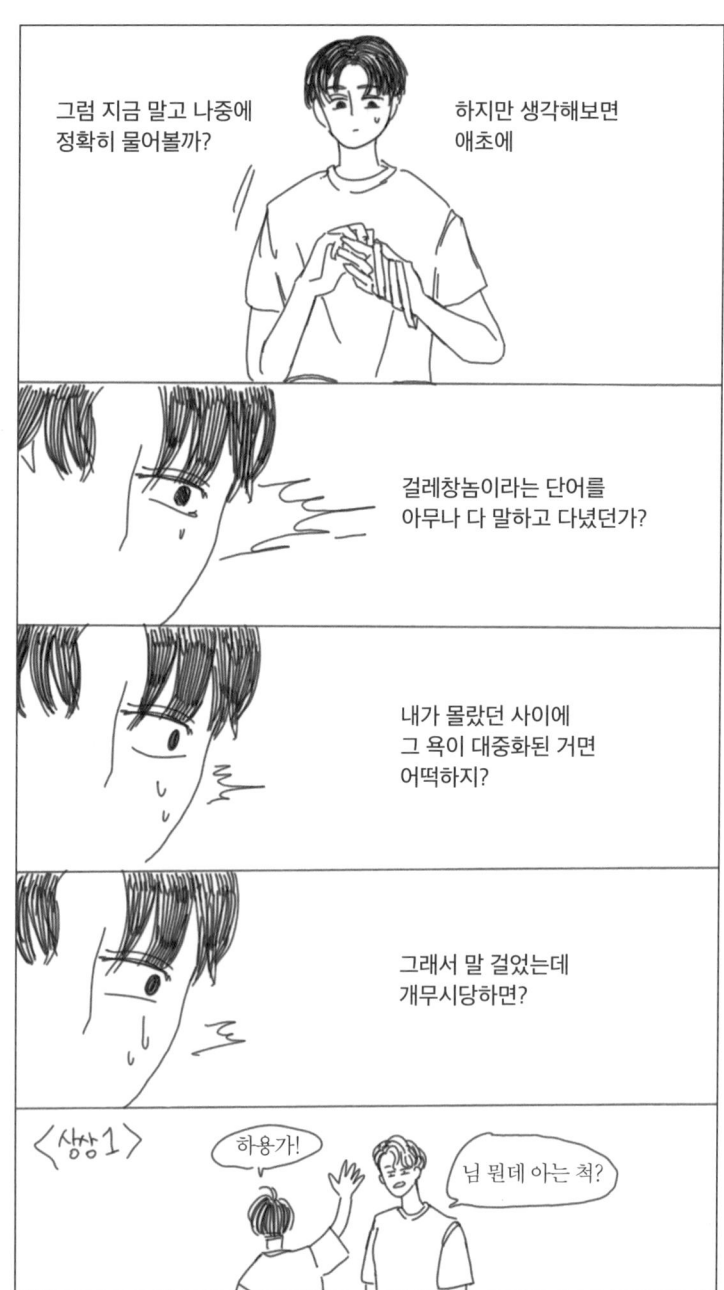

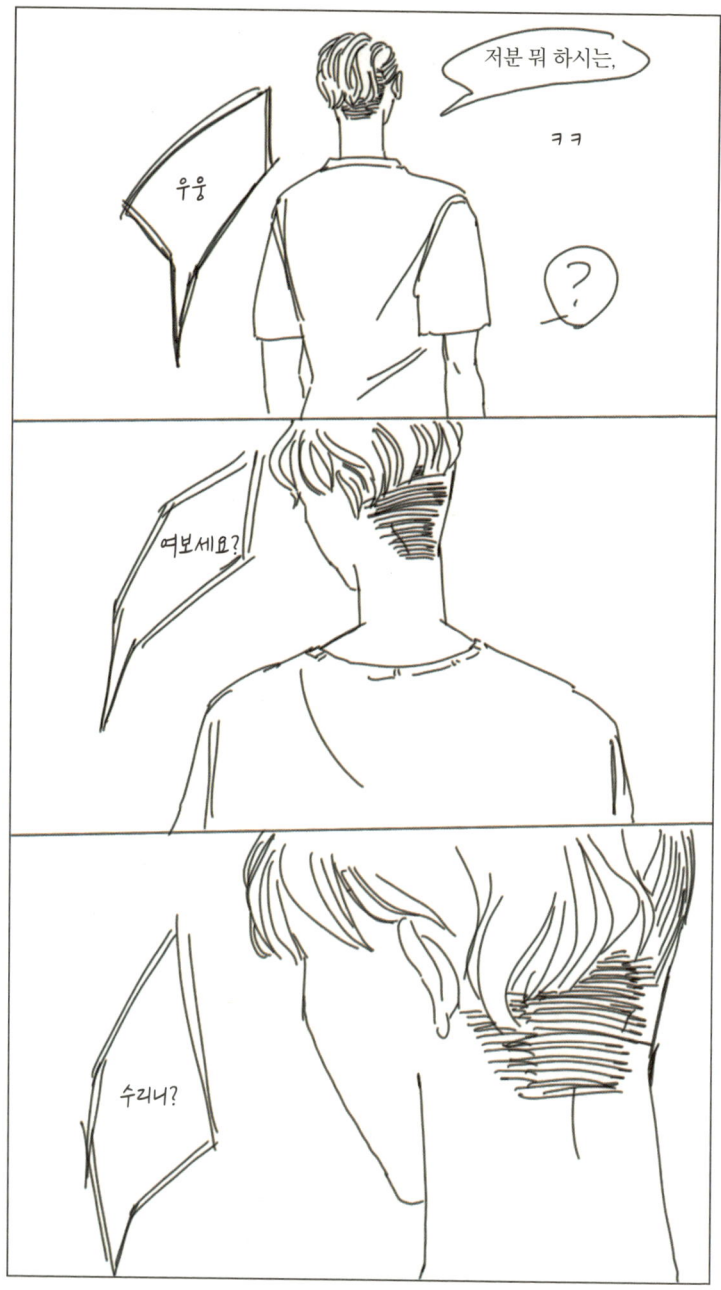

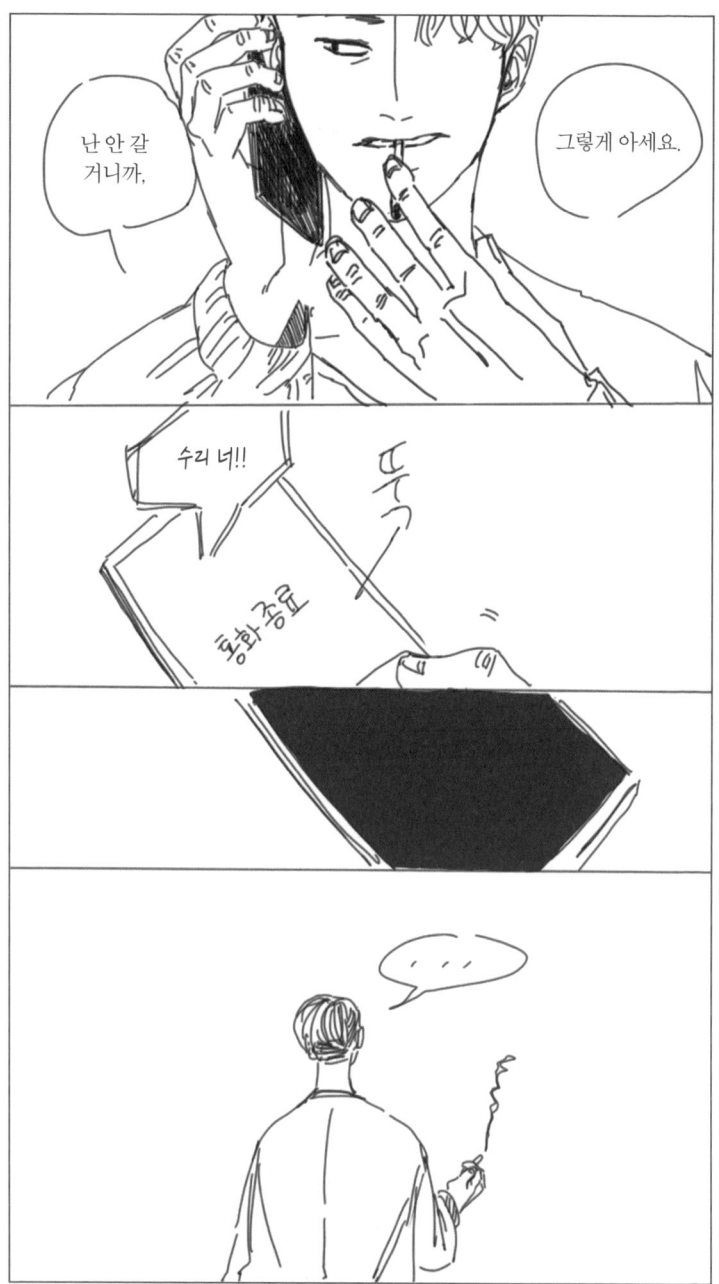

* '바라건대 용감하고 가장 뛰어나기를'의 줄임말.

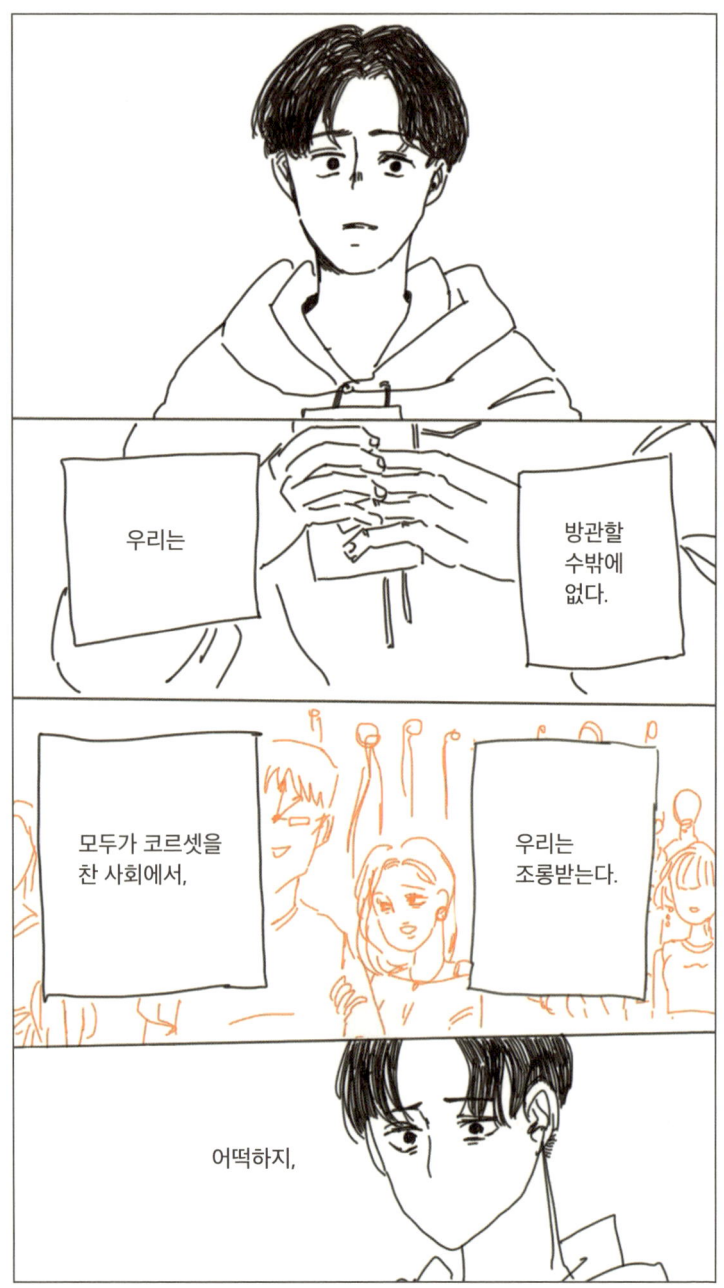

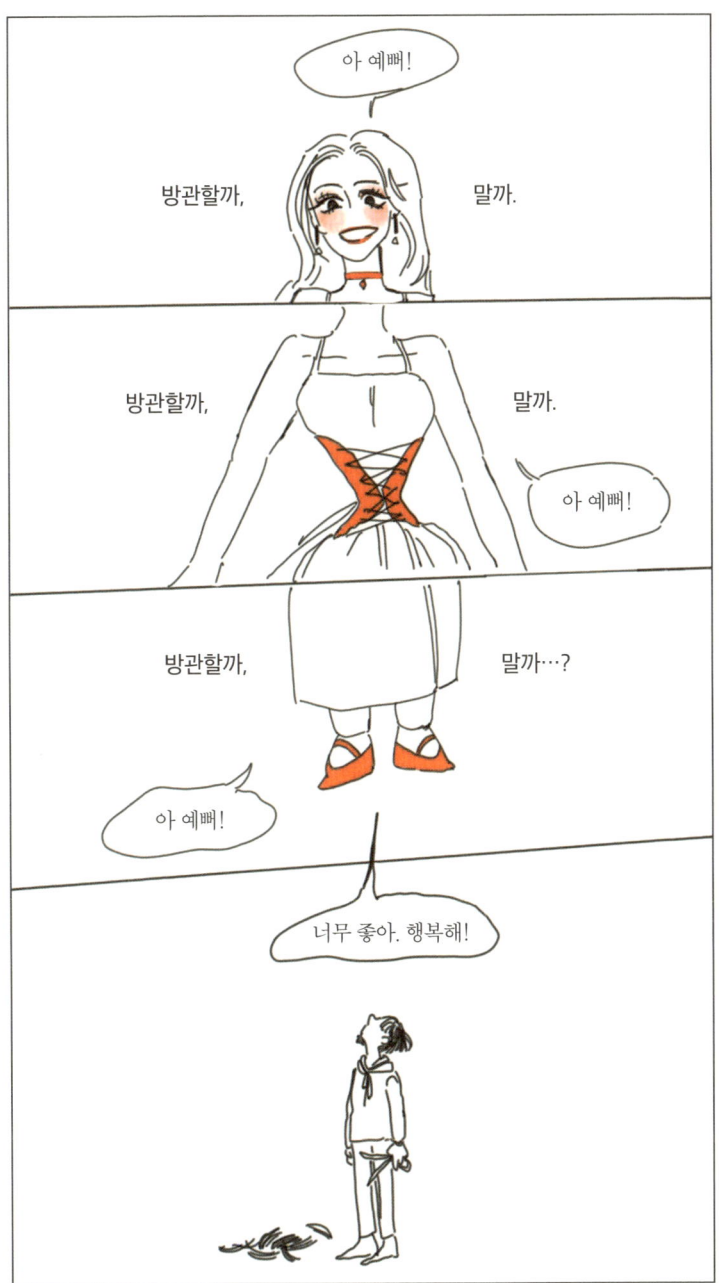

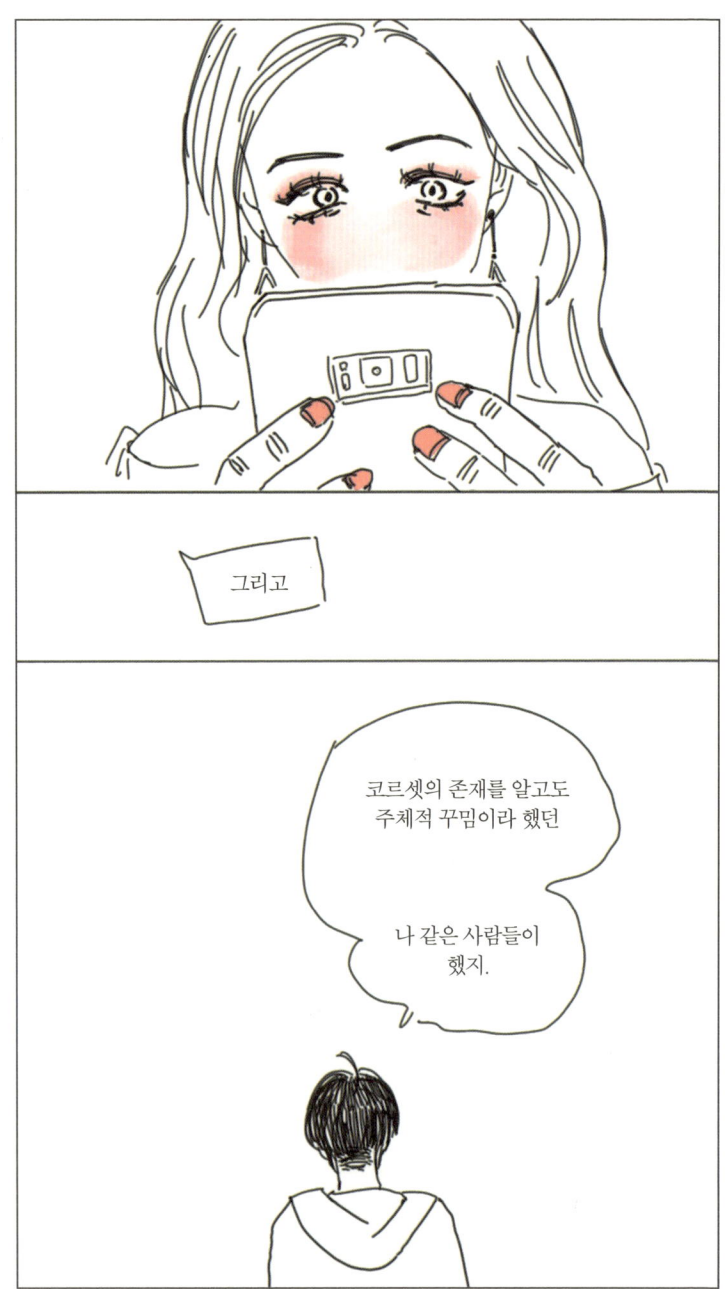

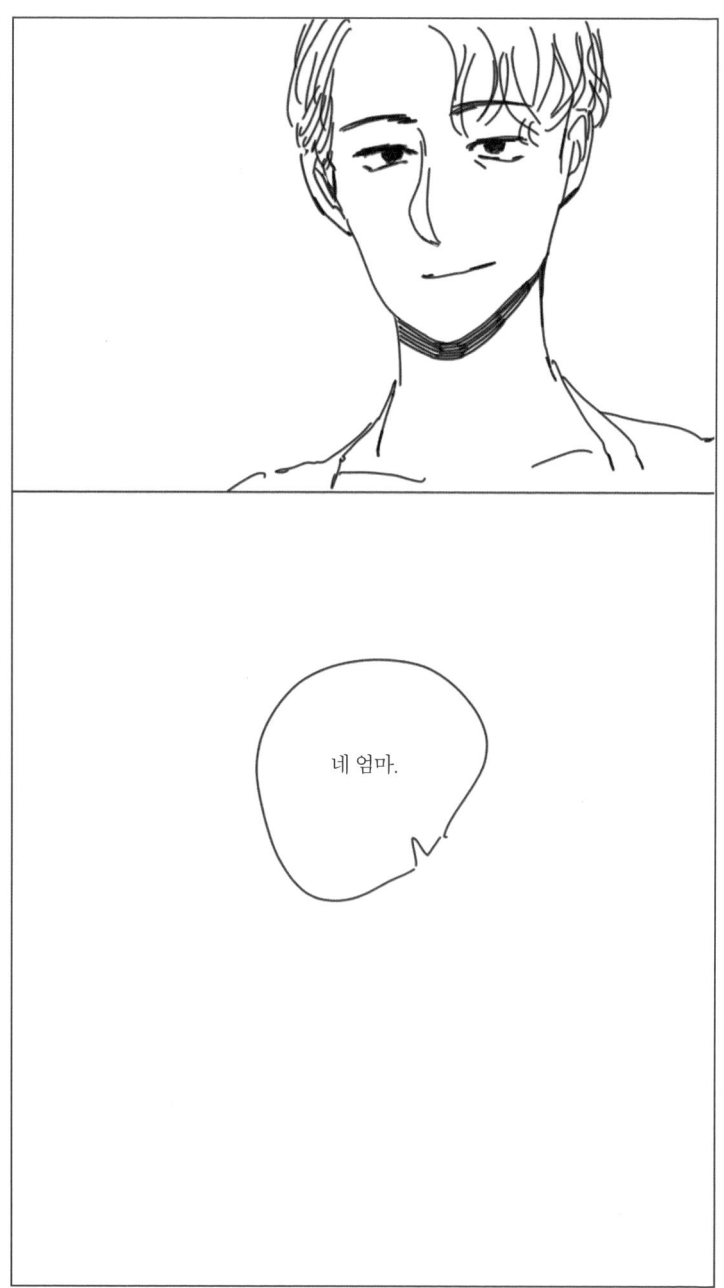

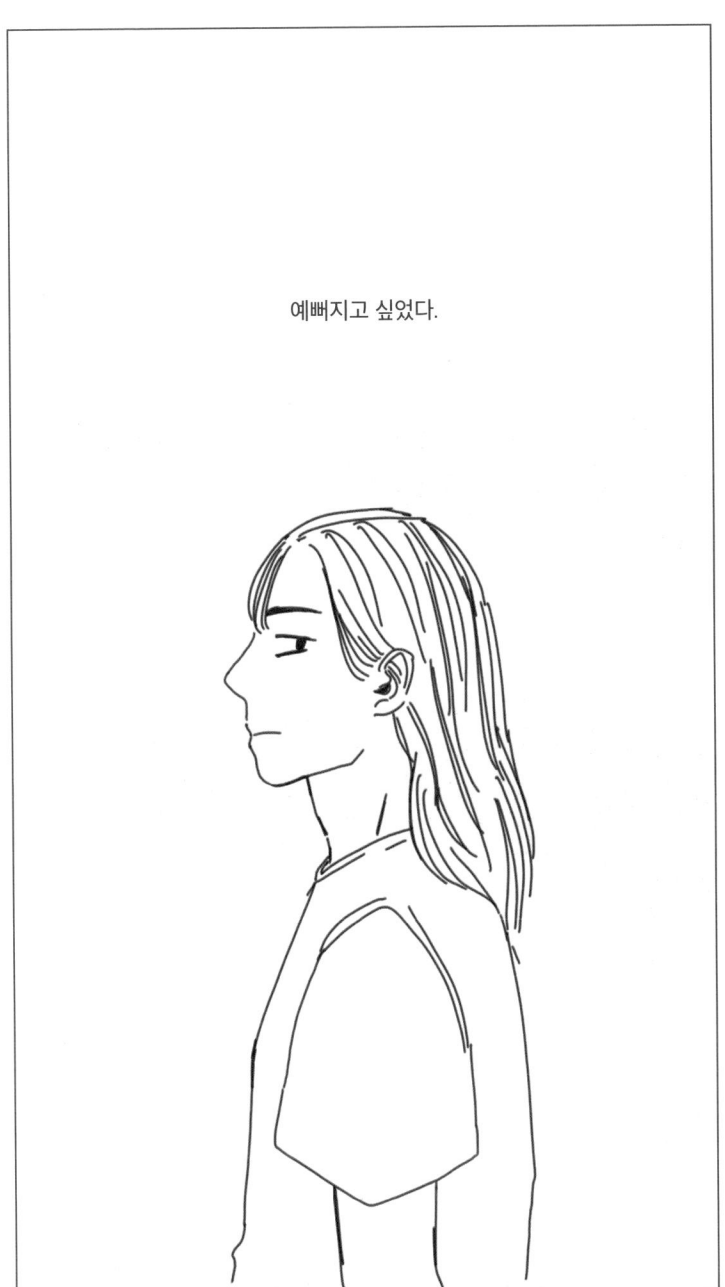

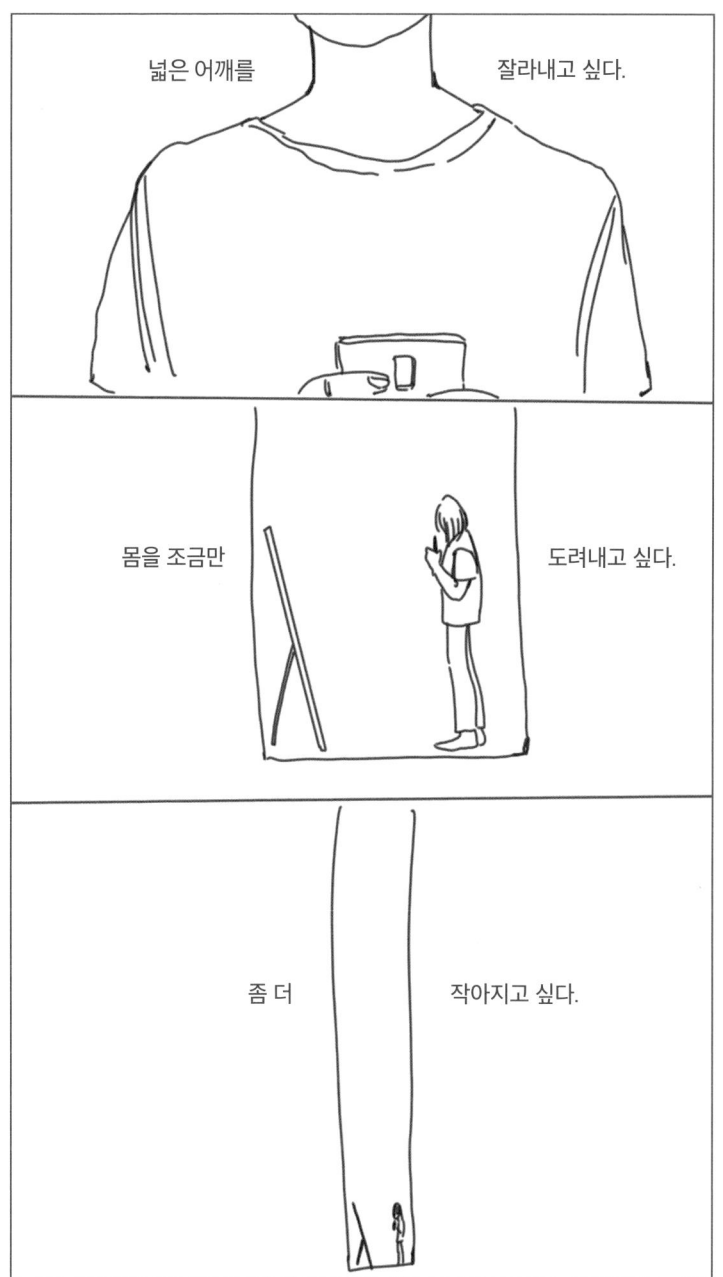

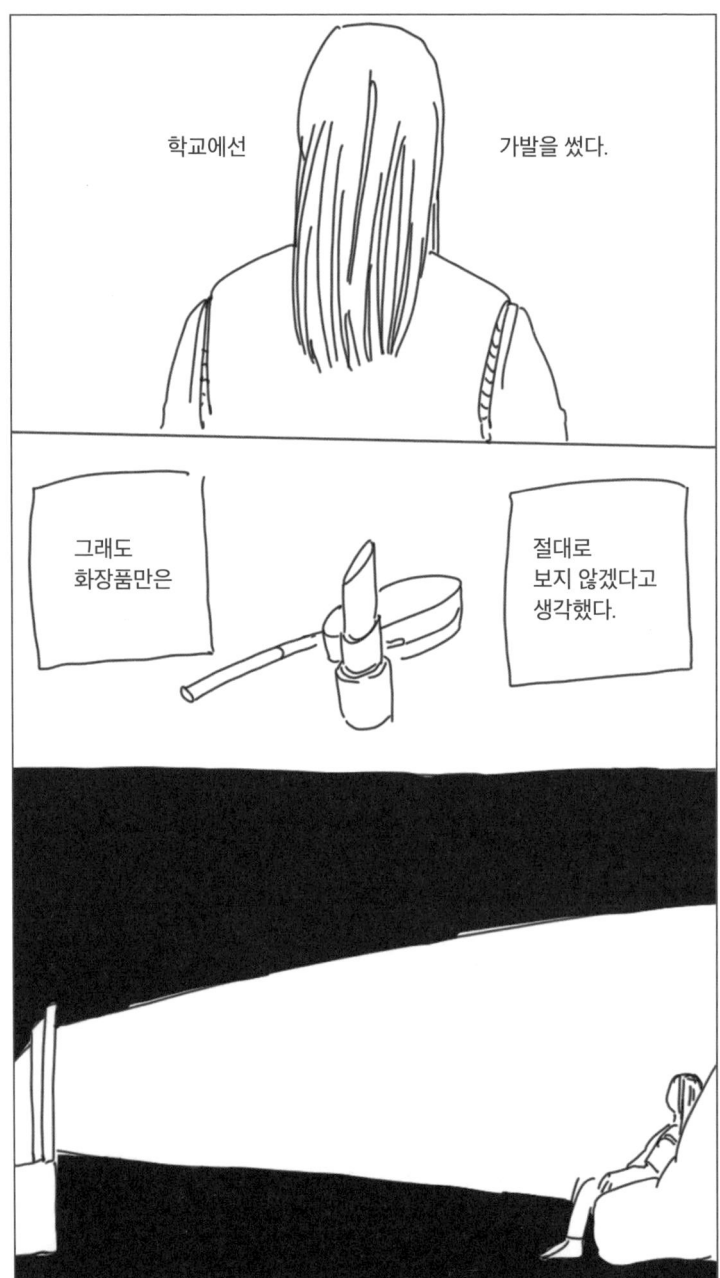

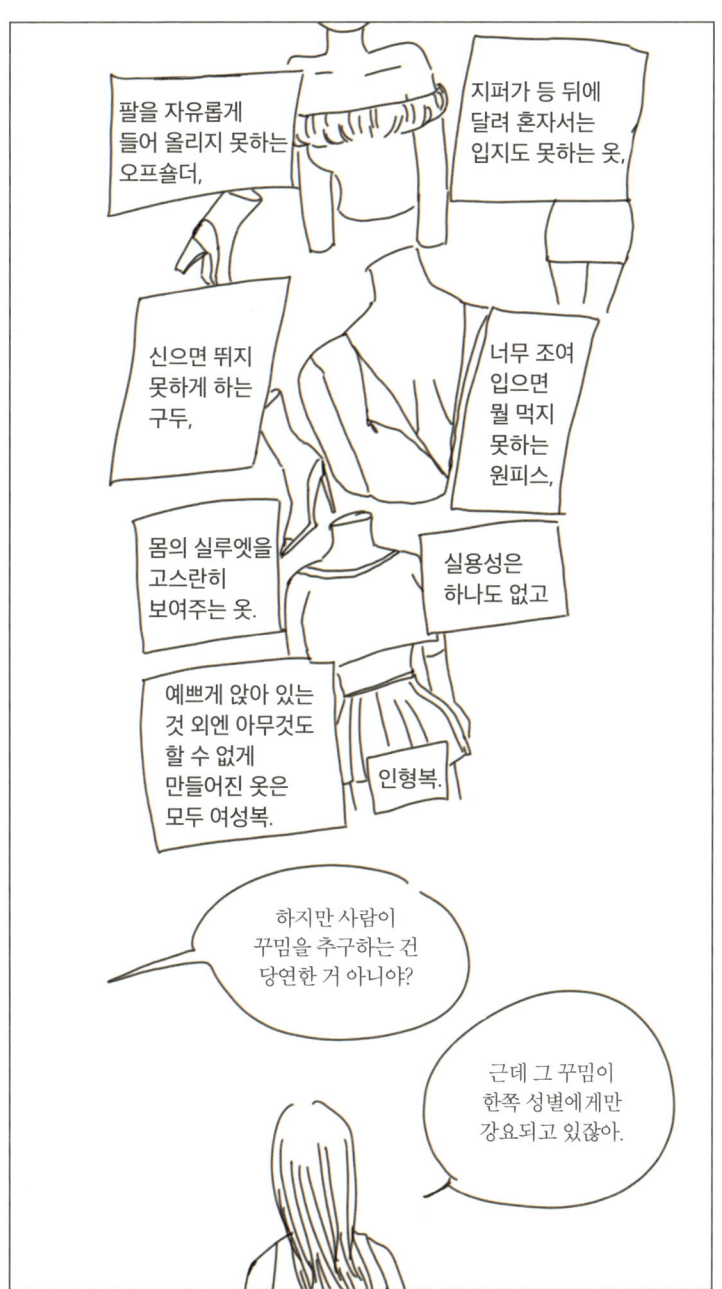

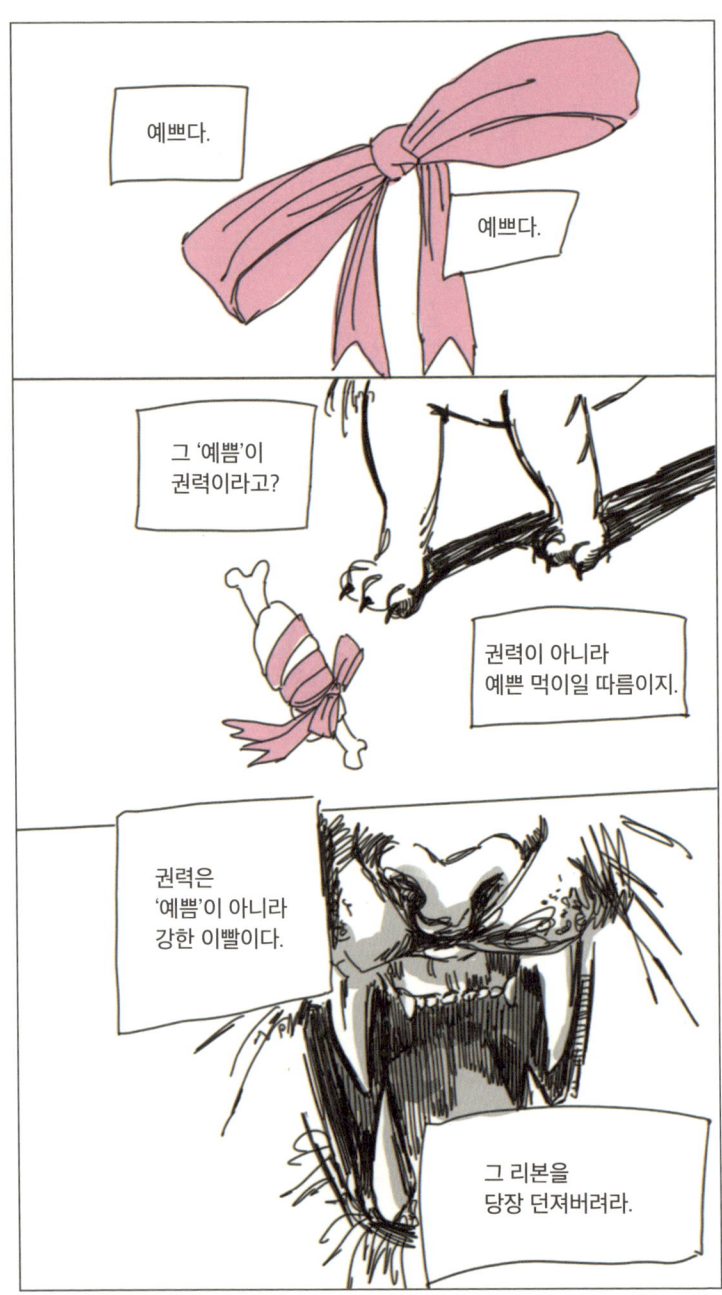

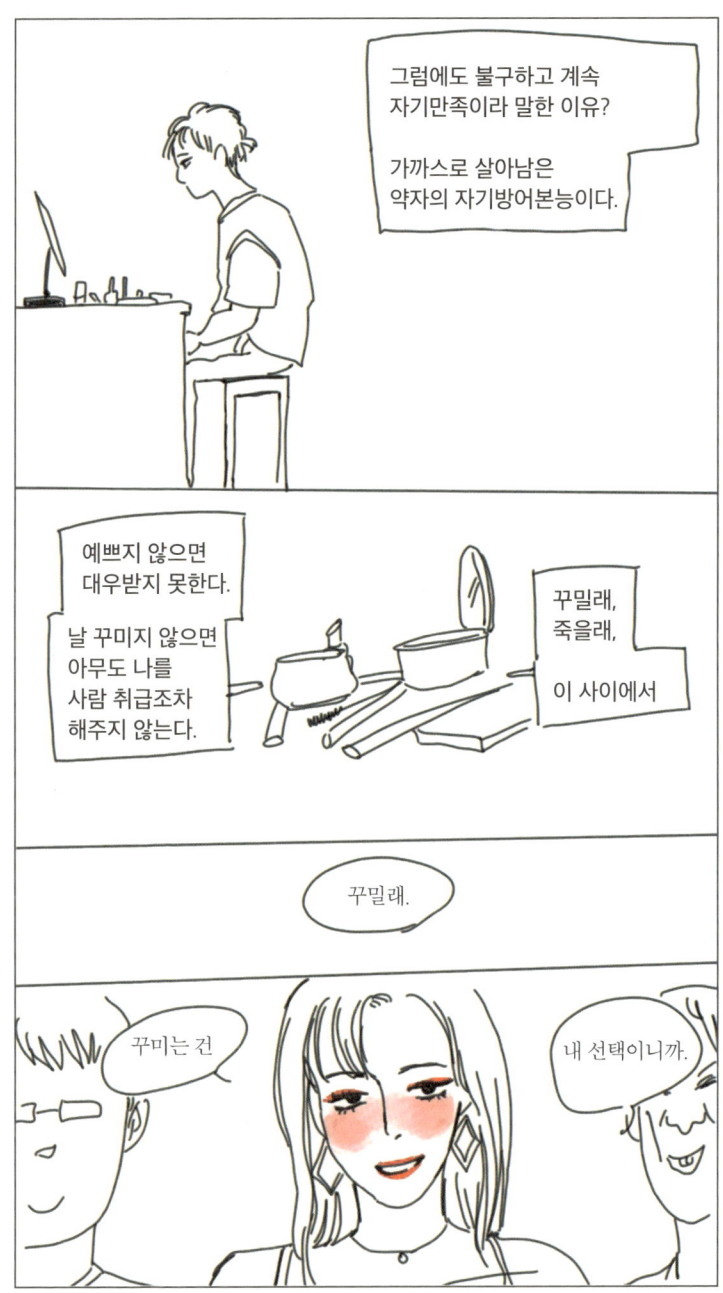

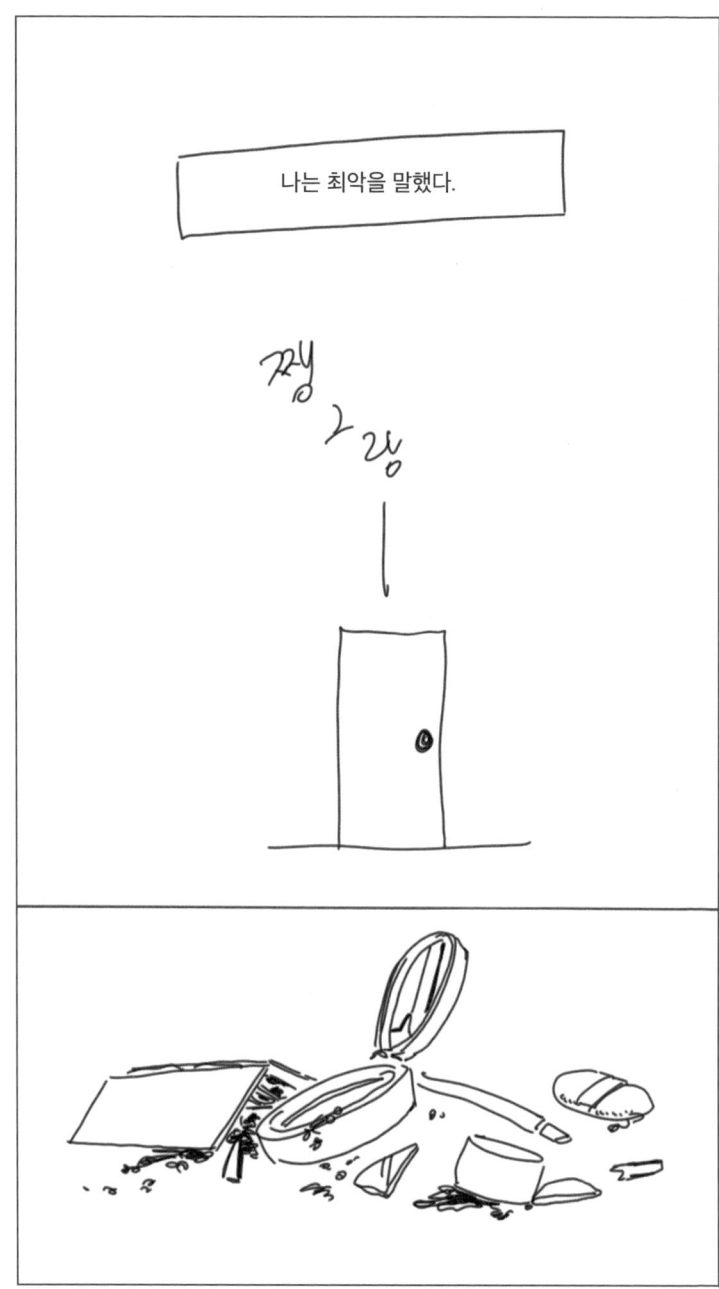

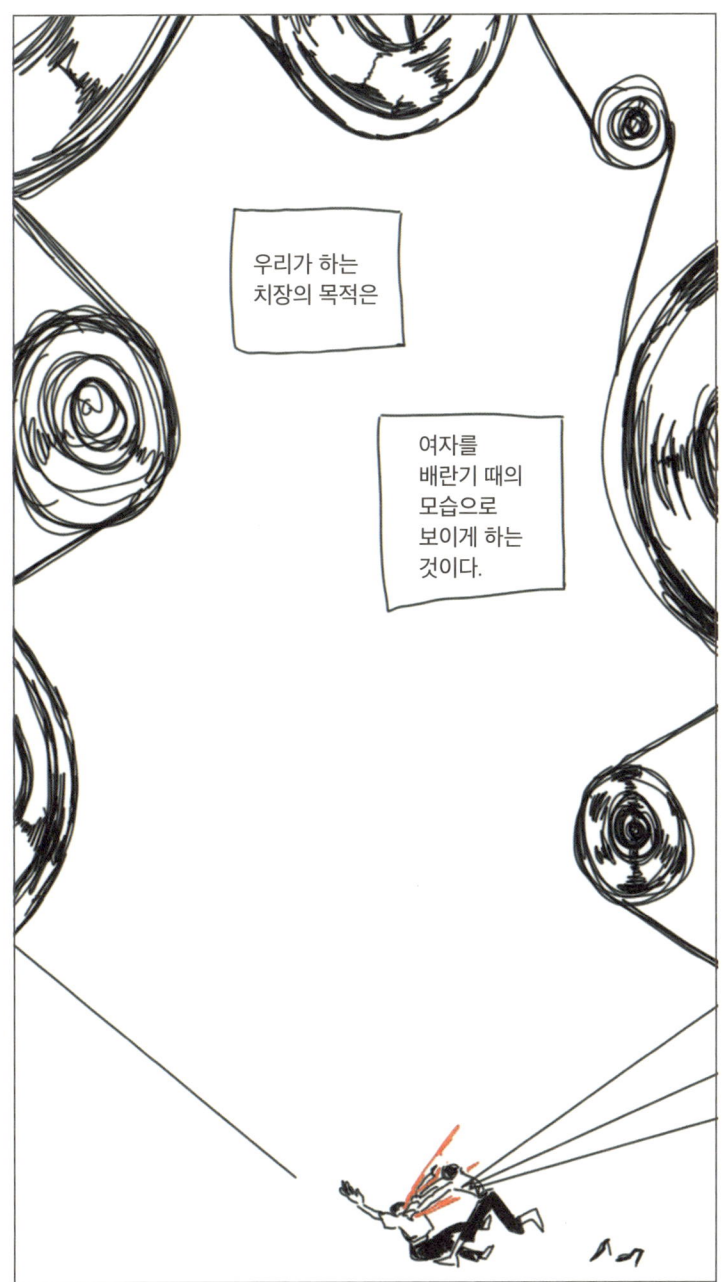

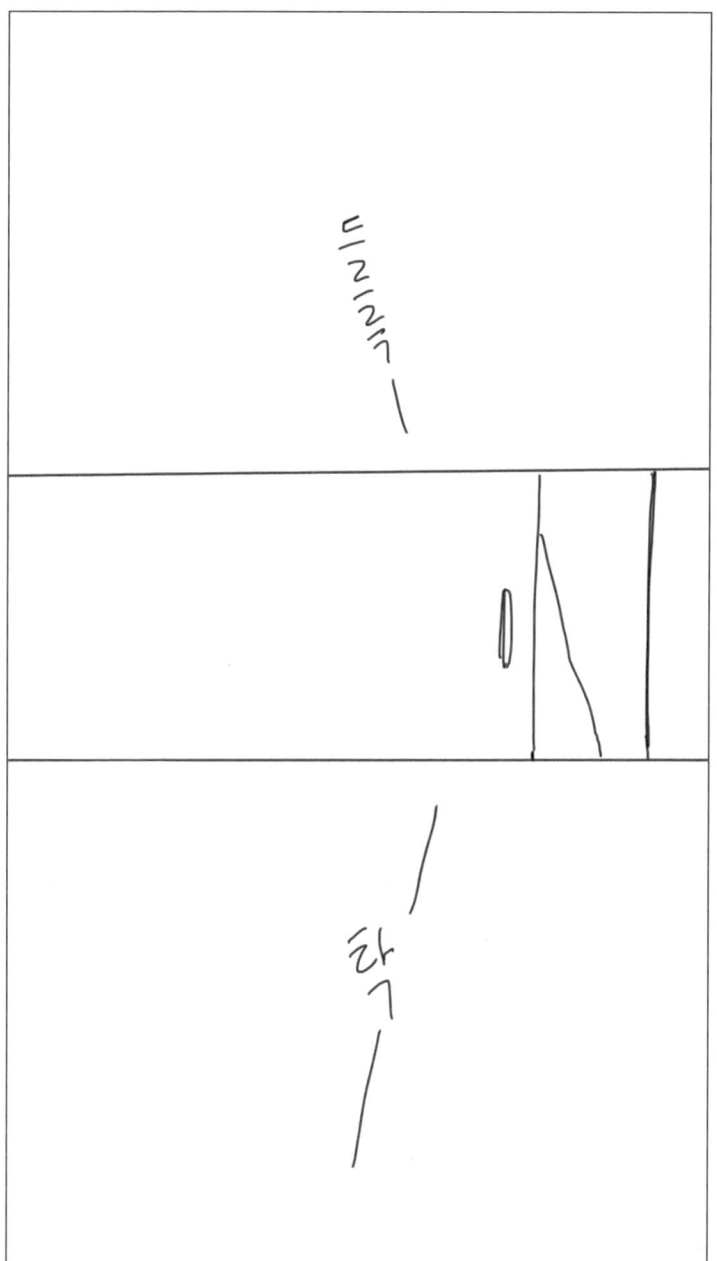

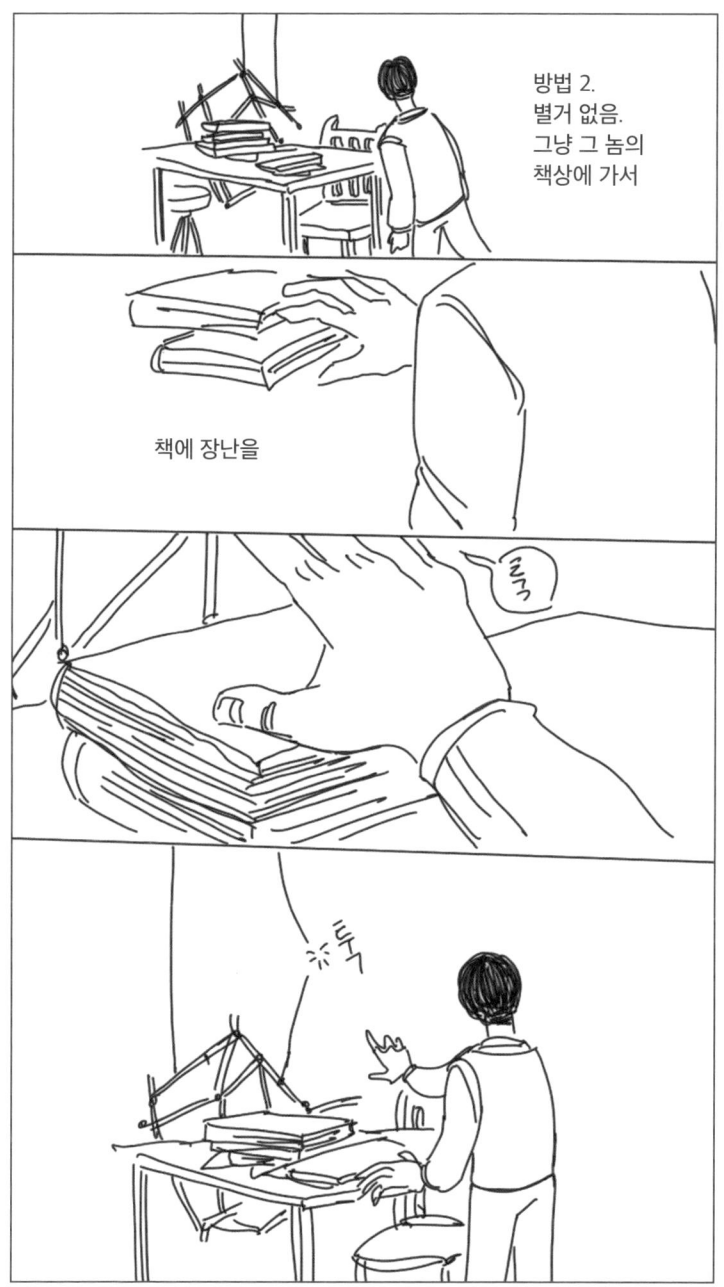

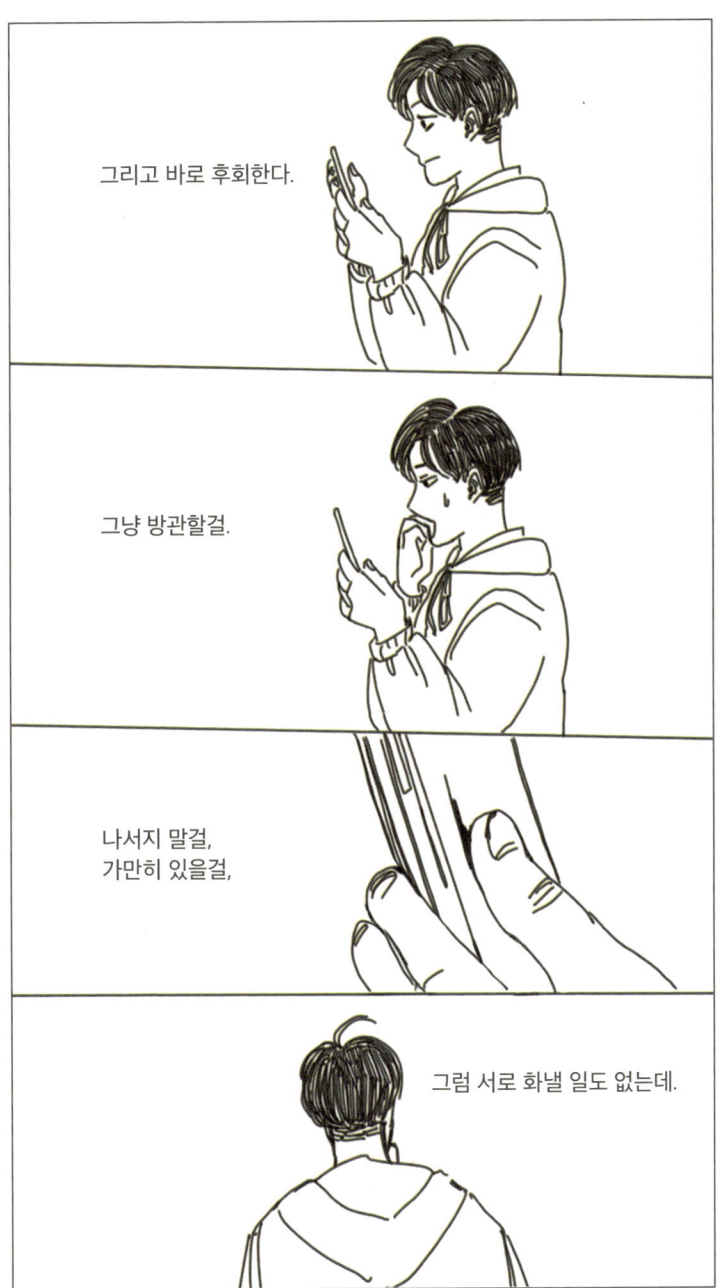

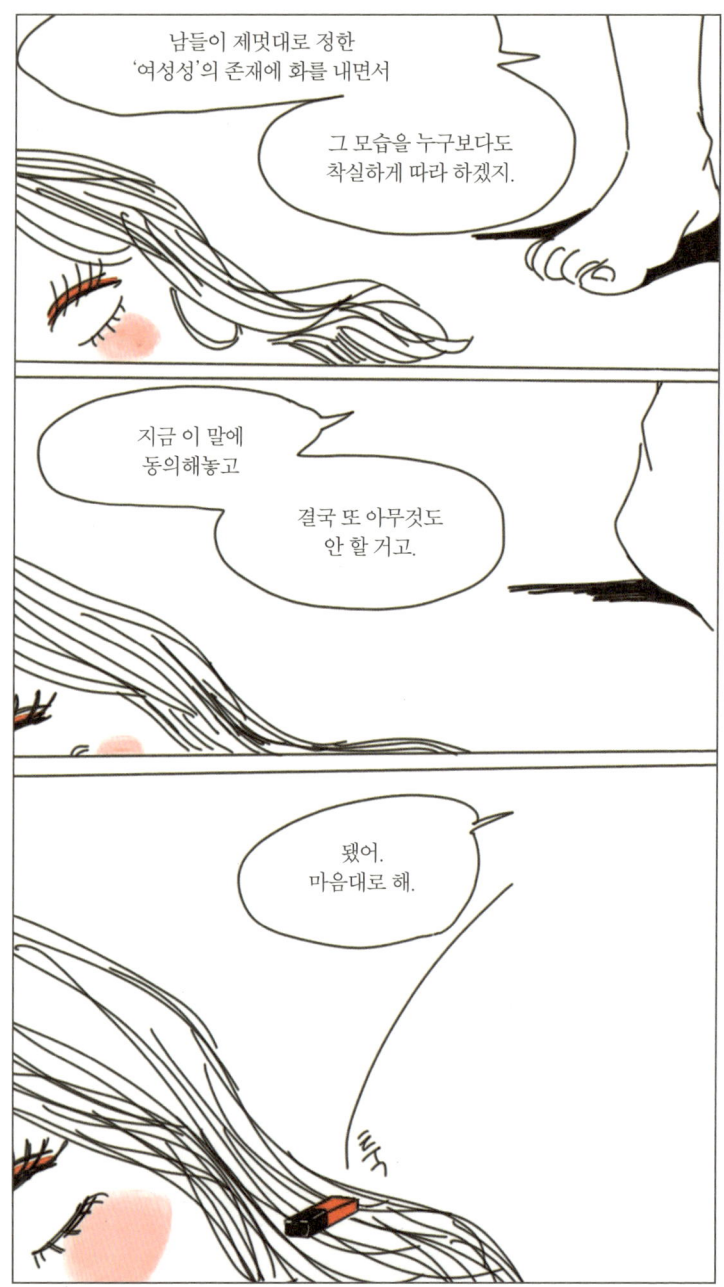

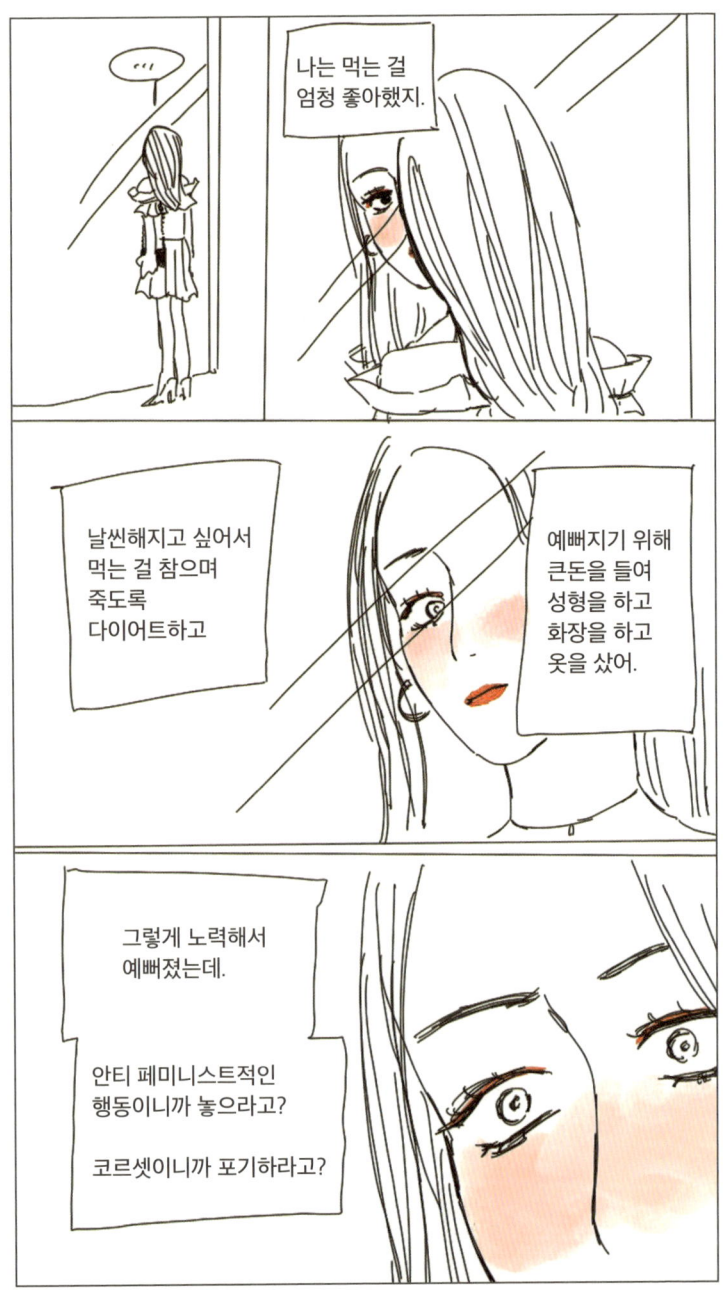

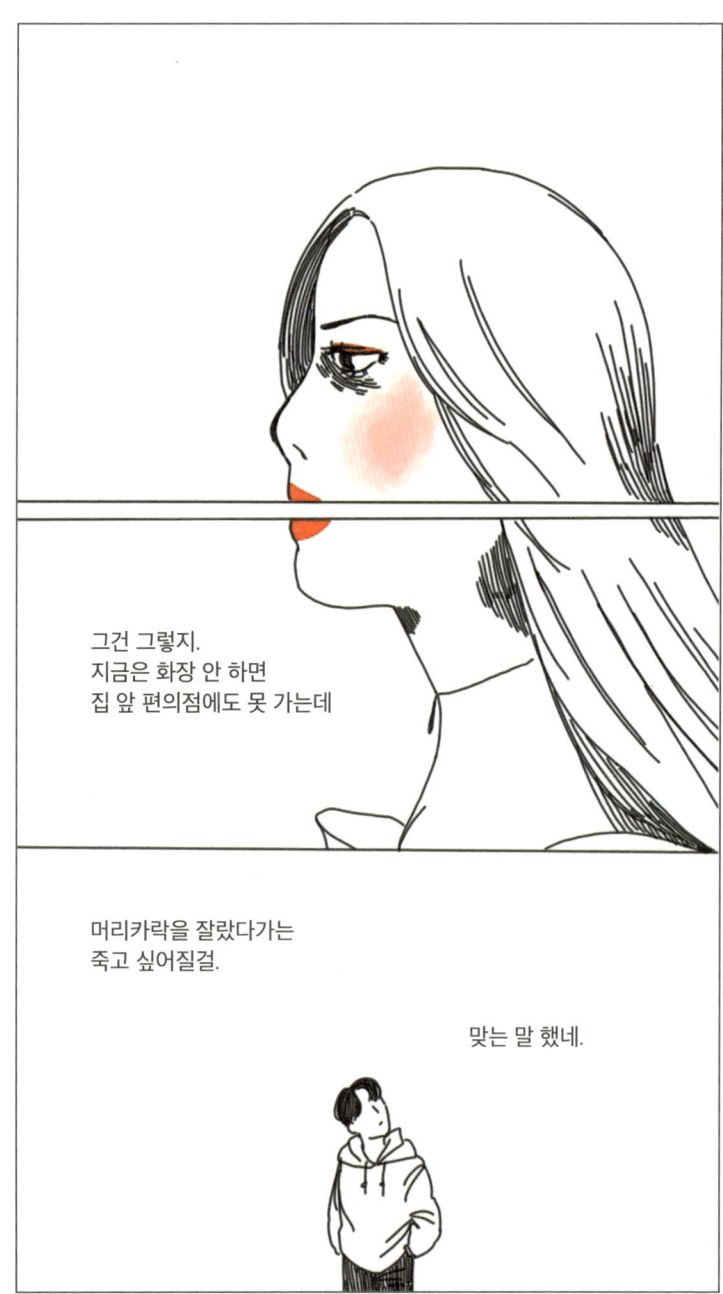

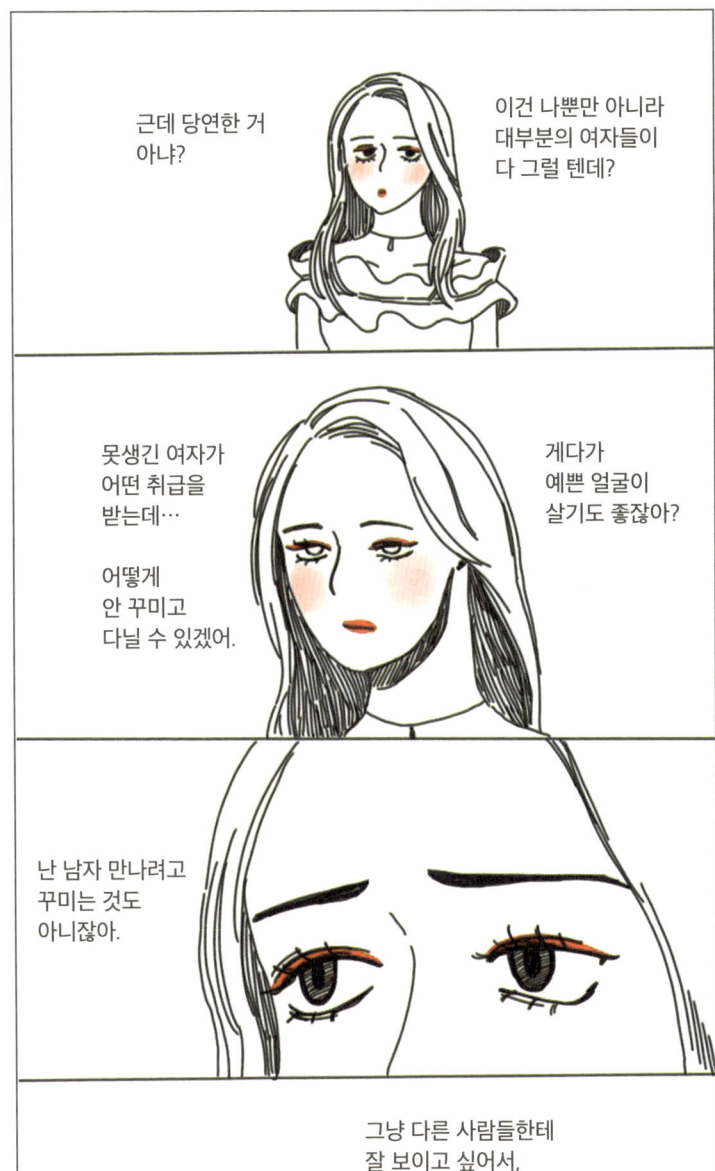

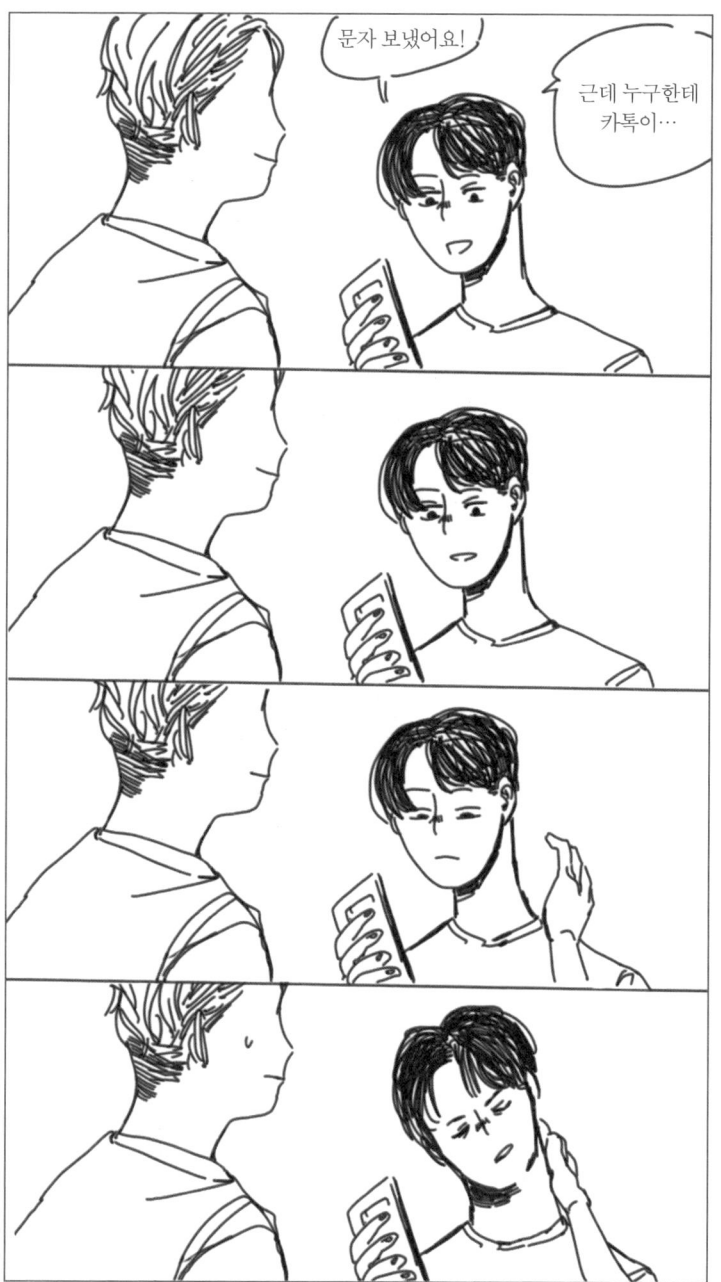

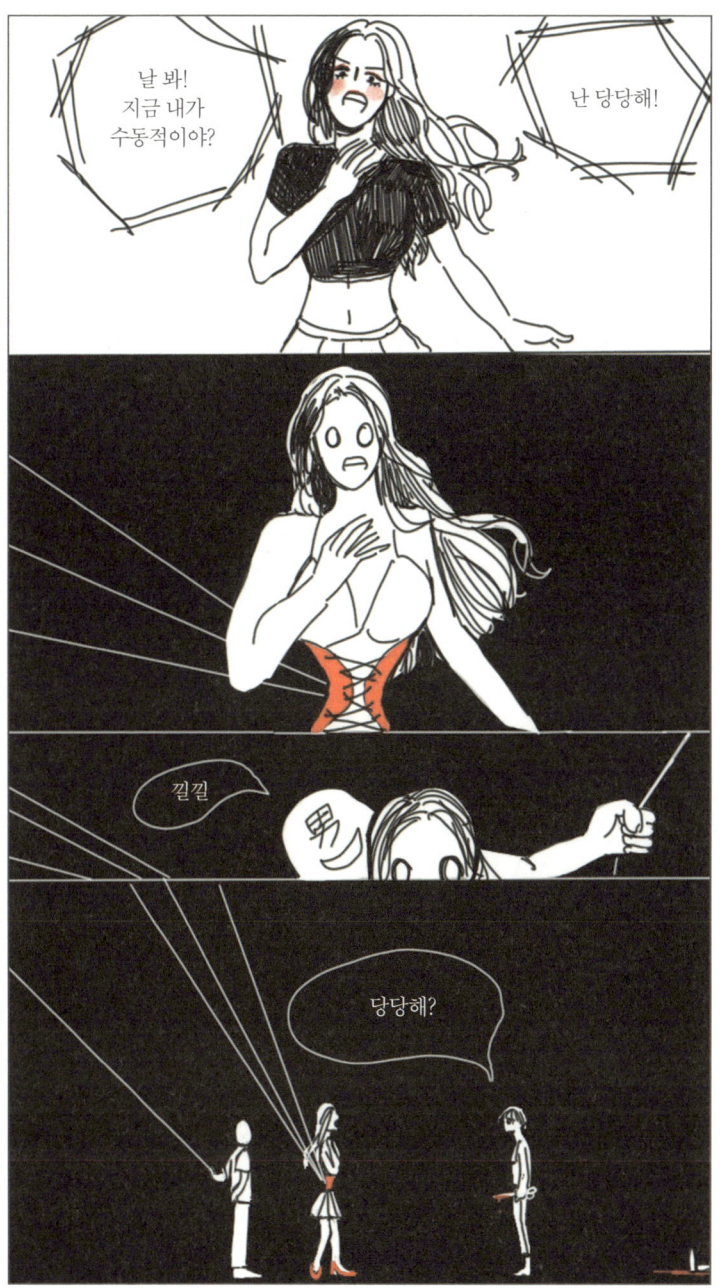

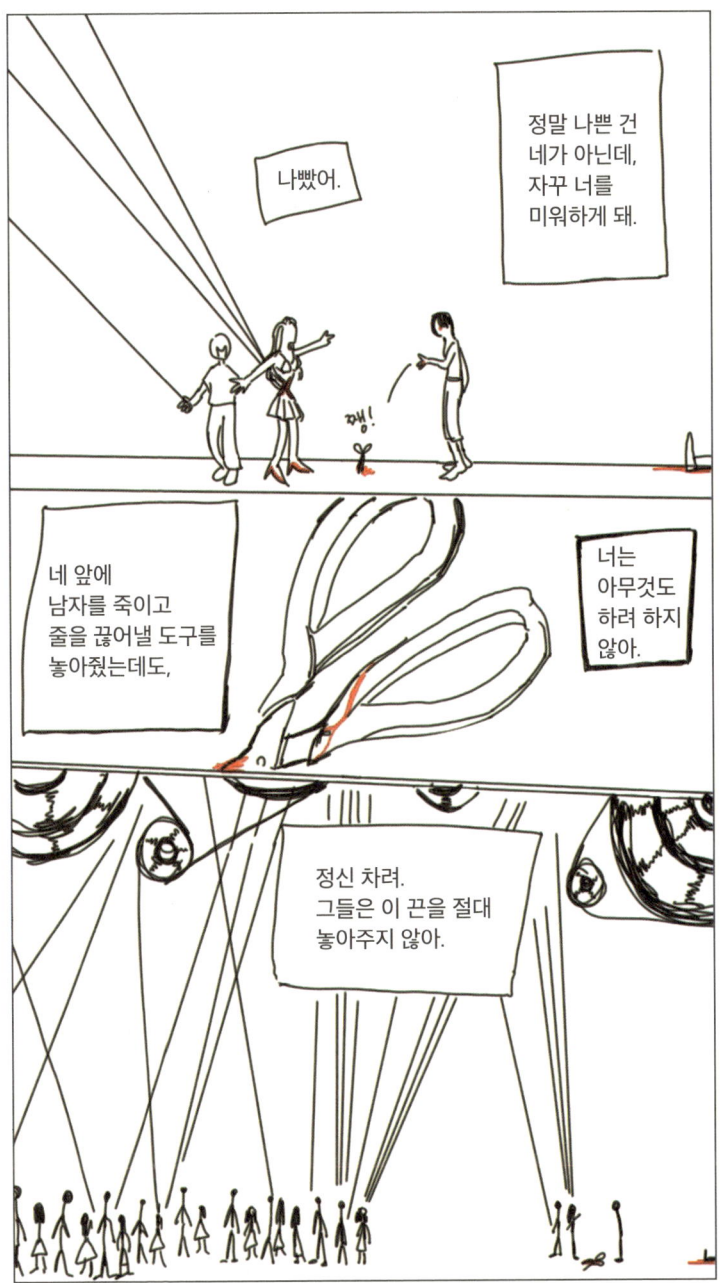

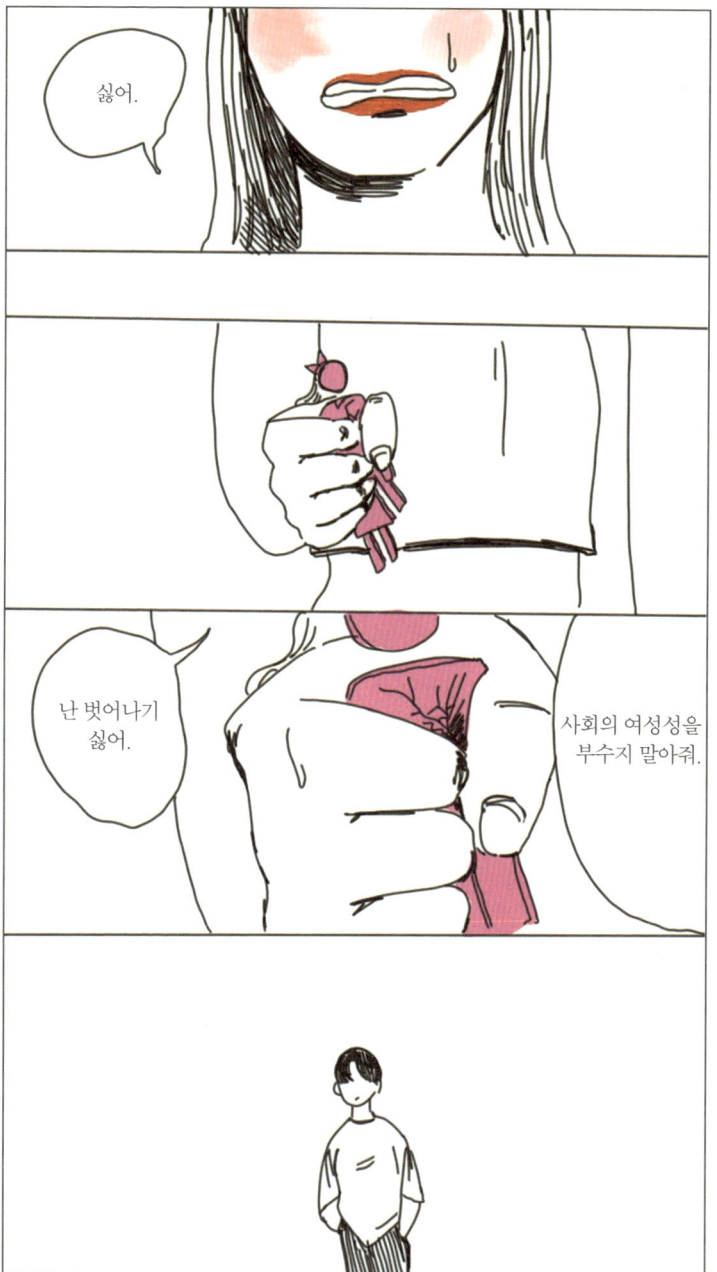

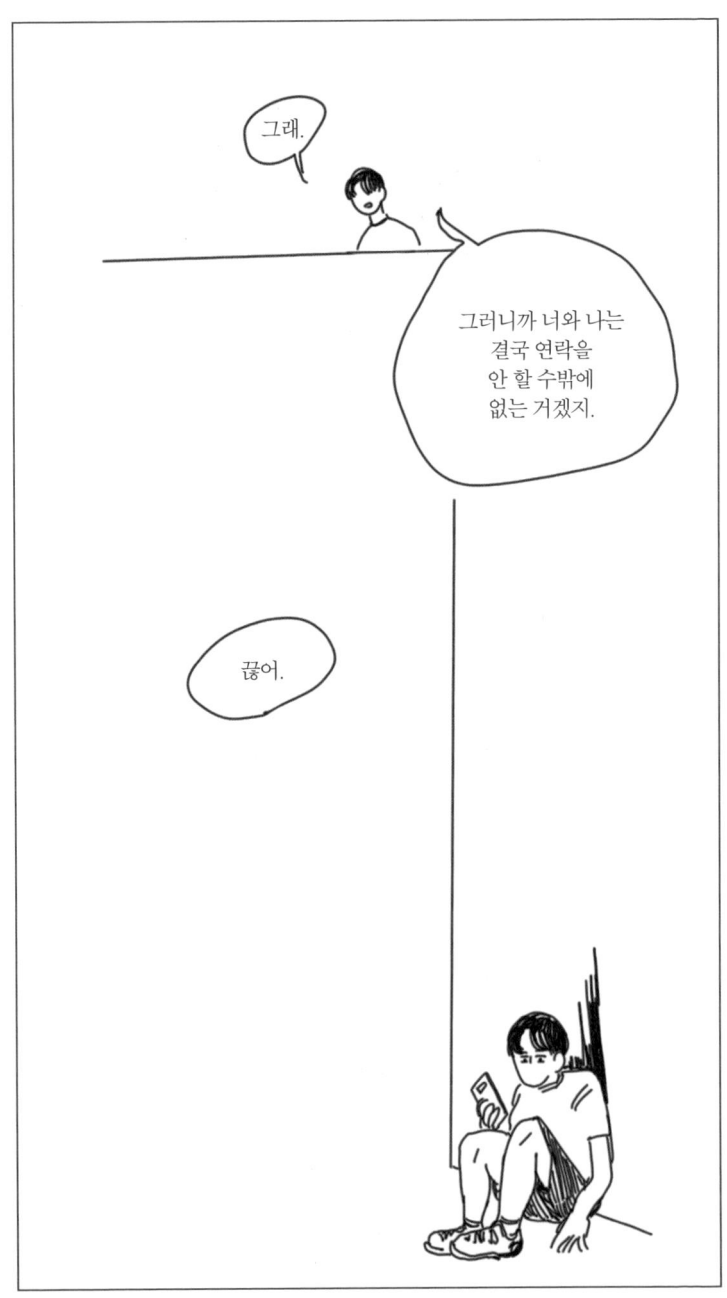

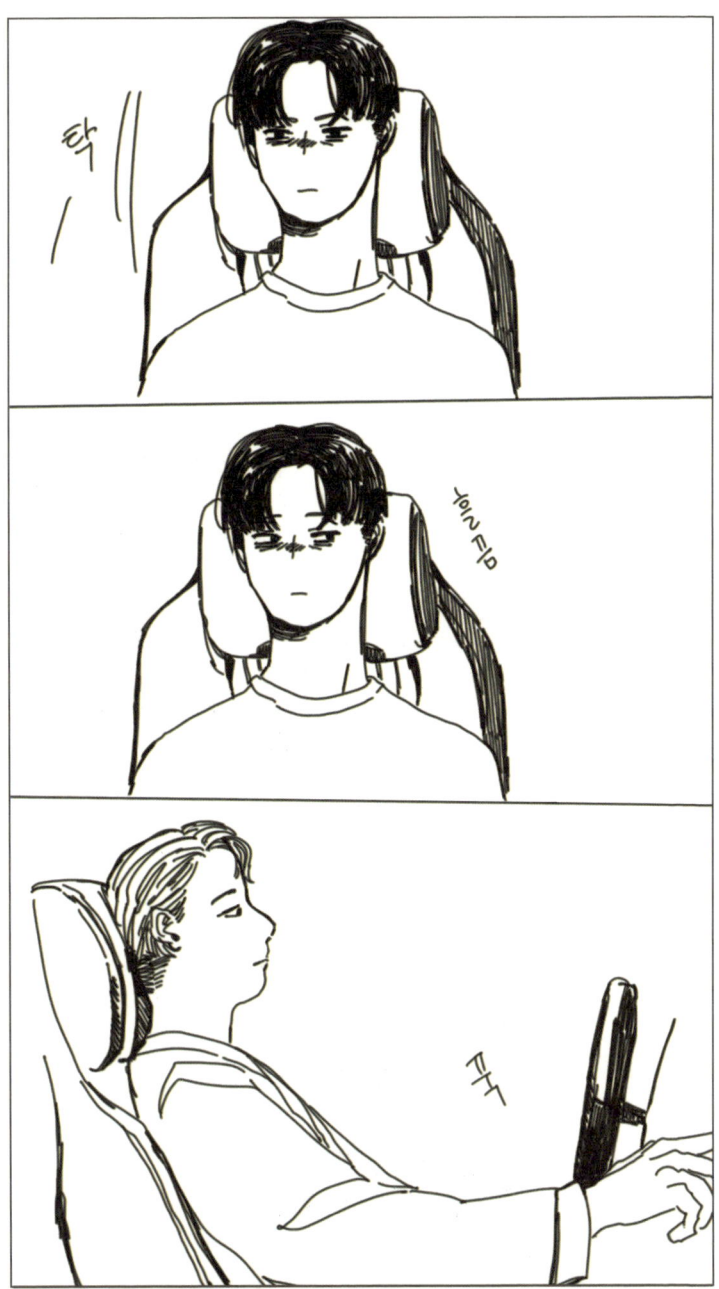

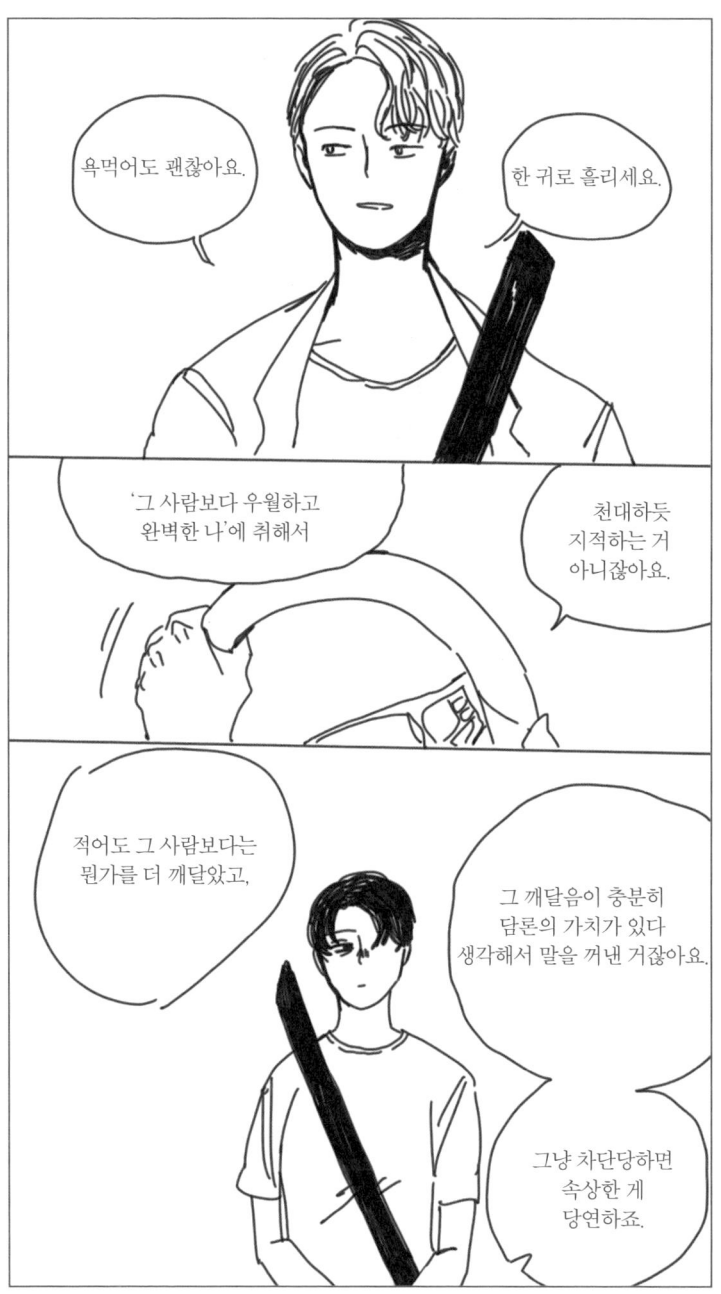

《탈코일기 2》에서 계속됩니다